Maria Emília Baptista de Oliveira

Gott antwortet, wenn wir anbeten

LEUCHTER
EDITION

Leuchter Edition • Erzhausen

Copyright der portugiesischen Originalausgabe:
Maria Emília Baptista de Oliveira
Im Original im Juni 2001 erschienen mit dem Titel:
NA ADORAÇÃO DEUS PROMETE RESPOSTAS

Übersetzt aus dem Portugiesischen von: Isa Lowy, Hamburg

ISBN 3-87482-608-2 · Bestell-Nr. 547.608

Kontaktadresse der Verfasserin:
Maria Emília Baptista de Oliveira
Rua Áries, 77 – Cond. Palos Verdes,
Granja Viana, Cotia, CEP 06700-00
S.P., Brasilien

MEDADE
Ministério de Ensino de Adoração ao Deus Eterno
Rua Alves Guimarães, 70 – Pinheiros
São Paulo / S.P. – CEP 05410-000
Telefax (5511) 3082-5307
E-Mail: medade_br@hotmail.com

E-Mail der Übersetzerin und deutsche Kontaktadresse:
isalowy@hotmail.com

Leuchter Edition GmbH
Postfach 1161 – 64386 Erzhausen
Tel: 06150-9736-0 – Fax: 06150-9736-36
verlag@leuchter-edition.de
www.leuchter-edition.de

Inhalt

Einleitung 5
1 Ein neues Lied 7
2 Was im Himmel geschieht,
wird auch auf der Erde geschehen 17
3 „Vater unser, der du bist im Himmel“ 23
4 Wer wird in den Himmel auffahren? 29
5 Der Charakter des wahren Anbeters 35
6 Der Herr hat uns erwählt, Anbeter zu sein . . 39
7 Gott antwortet, wenn wir anbeten 49
8 Danksagungen in der Anbetung 59

Dank

Ich danke Gott, dem Vater, für das kostbarste Geschenk meines Lebens: Seinen Sohn Jesus Christus.

Ich danke Jesus, dem Sinn meines Lebens, der mir Seinen Heiligen Geist gab. Ihm gehört meine ganze Liebe und Dankbarkeit.

Ich danke dem Heiligen Geist, der mich inspiriert, der mein engster Freund ist, der mich motiviert, der mein Ratgeber und mein Vertrauter ist.

Ich danke auch meiner Übersetzerin Isa Lowy.

Und schließlich danke ich Eliton, meinem Mann und Pastor, für seine Liebe und für seine ständige Bereitschaft, die Werke unseres Vaters zu tun.

Die Autorin

Einleitung

Dieses Buch soll dir verständlich machen, was Anbetung wirklich ist, und das wiederum wird dir erlauben, Gott besser kennen zu lernen und enge Gemeinschaft mit Ihm zu haben.

Du wirst in dem Maße, wie du mit der Lektüre dieses Buches voranschreitest, entdecken, dass Anbetung mehr bedeutet, als „Worte der Liebe zu Jesus zu sprechen." Anbetung ist *ein Lebensstil.*

Um diesen neuen Lebensstil leben zu können, muss zunächst eine Veränderung in uns geschehen. Dabei wird es uns niemals gelingen, diese Veränderung selbst hervorzubringen, wie sehr wir es uns auch wünschen mögen. Doch während wir anbeten, wird im geistlichen Bereich alles Negative zerbrochen, die Ketten, die uns gefangen halten, lösen sich. Schließlich gelangen wir an einen Punkt, wo alle Fesseln zu Boden fallen.

Wenn es soweit ist, treten wir in einen so tiefen Prozeß der Heiligung ein, dass wir nicht mehr so handeln wollen, wie wir zuvor gehandelt haben. Unsere Werte werden automatisch verändert, ohne dass uns das in irgendeiner Weise stört. Es wird auf ganz natürliche Weise geschehen. Das wiederum wird bewirken, dass wir in der Gegenwart Gottes eine vollkommene Freude empfinden und uns uneingeschränkt wohl fühlen.

In uns wird ein unstillbarer Wunsch geboren werden, Ihn immer mehr zu kennen, und es wird Augenblicke von solcher Fülle geben, dass wir Seine heilige Gegenwart niemals wieder verlassen werden wollen.

Wenn du das alles bis heute selbst noch nicht erfahren hast, so ist es mein Gebet, dass Gott mich befähigen und mich gebrauchen möge, dich dahin zu bringen, dass du diese ganze Wahrheit kennen lernen und erfahren kannst. Dass all das, was für mich zur Realität geworden ist, es auch für dich werden möge!

Wenn du durch die Anbetung die ganze, wunderbare Strategie des Sieges erfasst hast, wirst du direkt und ohne dass jemand deshalb für dich beten müsste, in die Gegenwart Gottes eintreten, wo du ganz einfach mit Gott sprechen wirst und von Ihm alle Antworten auf deine Fragen empfangen wirst, denn ***Gott antwortet auf unsere Anbetung.***

1

Ein Neues Lied

Gott hat etwas in mein Herz gelegt, und dort tief eingebrannt. Er hat mir aufgetragen, Seinem Volk zu sagen, dass Er will, dass wir ein neues Lied singen.

Wenn du dieses Buch zu Ende gelesen hast, werden sich deine Lippen zu einem neuen Lied öffnen. Die alten Dinge werden vergehen, weil der Herr dieses neue Lied jedem einzelnen von uns geben wird. Dadurch wird sich unser Leben verändern.

Ein Psalm, der das sehr schön ausdrückt, ist Psalm 96:

> „Singt dem Herrn ein neues Lied, singe dem Herrn, ganze Erde! Singt dem Herrn, preist seinen Namen, verkündet von Tag zu Tag sein Heil! Erzählt unter den Nationen seine Herrlichkeit, unter allen Völkern seine Wundertaten! Denn groß ist der Herr und sehr zu loben, furchtbar ist er über

allen Göttern. Denn alle Götter der Völker sind Götzen, der Herr aber hat den Himmel gemacht. Majestät und Pracht sind vor seinem Angesicht, Stärke und Herrlichkeit in seinem Heiligtum. Gebt dem Herrn, ihr Völkerstämme, gebt dem Herrn Ehre und Macht! Gebt dem Herrn die Ehre seines Namens! Bringt Opfer und kommt in seine Vorhöfe! Betet an den Herrn in heiliger Pracht! Erzittere vor ihm, ganze Erde!" Psalm 96,1-9

Und hier noch einige andere Bibelstellen, die Ähnliches ausdrücken:

Jesaja 42,10 – Psalm 33,3 – Psalm 40,4 – Psalm 144,9 – Offenbarung 14,3 – Offenbarung 15,3.

Die Zeit ist gekommen, ein neues Lied zu singen! Der Herr wird etwas Neues in uns hineinlegen. Was Gott heute zu uns sagt, sagte Er schon zu David, denn der Psalm 96 entstand, als David voll Sehnsucht im Begriffe, war, die Bundeslade des Herrn nach Jerusalem zu bringen. Wir lesen davon in ***1. Chronik 16***. Hier lesen wir auch, dass David bei dieser Gelegenheit zum ersten Mal seinen Sängern auftrug, den Herrn anzubeten, und dass er sie zusammenrief und ihnen sagte, dass sie ein neues Lied singen sollten.

Wir lesen von dem großen Wunsch Davids, die Bundeslade nach Jerusalem zu bringen, denn sie repräsentierte die Gegenwart und die Herrlichkeit Gottes, und der König wollte die Herrlichkeit ganz in seine Nähe bringen. Er wollte die Gegenwart Gottes nach Jerusalem hineinbringen, damit alle Ihn dort anbeten konnten.

Als David die Bundeslade schließlich nach Jerusalem gebracht hatte, dachte er, dass nun die Herrlichkeit Gottes in Jerusalem sei und er den Herrn anbeten könnte. Jetzt war Er ja bei ihnen. David läßt das Zelt aufbauen, er versammelt das Volk und gibt Asaf und seinen Brüdern den Befehl, beständig dem Herrn zu dienen, denn ab diesem Zeitpunkt würde sich die Herrlichkeit des Herrn dort unter ihnen befinden.

Diese Herrlichkeit ist heute auch hier bei uns, und der Herr gibt uns ein neues Lied. Seine Gegenwart muss beständig in uns sein und wir müssen Ihm in uns einen Thron errichten, so dass wir tatsächlich ein Leben mit Gott leben, und zwar in der gleichen engen Beziehung zu Ihm wie König David.

Gott möchte, dass wir ein neues Lied singen, denn Er möchte dein und mein Leben verändern! Gott möchte in unseren Herzen etwas Neues bewirken, denn Er will Sein Wort in unserem Leben und im Leben unserer Familien erfüllt sehen. Dieses Wort besagt, dass *„der Herr dir den Segen entbieten wird zu allem Geschäft deiner Hand“ (5. Mo. 28,8)*, dass *„du gesegnet sein wirst, wo immer du dich befindest“ (5. Mo. 28,3)*, dass *„die Fenster des Himmels für dich geöffnet sind“ (Mal. 3,10b)*. Immer, wenn wir mit Gott sprechen, wird Er uns antworten, denn Seine Bundeslade befindet sich in uns, Seine Herrlichkeit, Seine Gegenwart wohnt in uns. Halleluja!

Ich bin mir sicher, dass es Gott war, der dieses Buch in deine Hände gelegt hat, denn Er hat einen Plan für dein Leben. Dieses Buch wurde nach viel Anbetung, Gebet und Fasten vor dem Thron des Vaters geschrieben, und Er sagte mir, dass Er durch diese Zeilen zu dir persönlich sprechen wird. Achte deshalb aufmerksam auf alles, was du hier liest.

Wenn dein Herz offen ist, dann werde nicht ich, sondern dann wird Er zu dir sprechen.

Eines Tages, als ich im Gebet war, öffnete der Herr meine Augen für den geistlichen Bereich und zeigte mir einen Krieg von solch unvorstellbarem Ausmaß, wie ich es zuvor noch nie gesehen hatte. In diesem Augenblick empfing ich von Jesus die Vision für dieses Buch. Ich kann dir versichern, dass es für mich ein großer Kampf war, dieses Buch zu schreiben, das jetzt vor dir liegt. Jesus weiß auch um den Kampf, in dem du dich jetzt befindest. Er weiß, wie schwer es für dich ist, dieses Buch zu Ende zu lesen – ein Buch, das dir viele Offenbarungen und Strategien vermitteln wird. Es stört nämlich den Teufel sehr und schadet ihm, dass du dieses Buch liest; doch noch bevor du mit der Lektüre überhaupt begonnen hast, sollst du wissen, dass du in Gott siegreich bist.

Der Krieg im geistlichen Bereich ist genauso real wie der in der physischen Welt. Wenn wir uns in einen Krieg begeben, sei es in einen natürlichen oder in einen geistlichen Krieg, so geht es darum zu töten oder zu sterben. Und weil der Kampf so

ernst ist, gibt uns der Herr dieses neue Buch – das dritte einer Reihe über die Anbetung. Er will uns zum Kampf freisetzen. Er will mit uns sprechen und uns Strategien geben, mit denen wir in diesem erbarmungslosen Krieg, der gegen die Anbetung geführt wird, bestehen können. Denke daran: Anbetung ist gefährlich für Satan, nicht zuletzt deshalb, weil Gott den Anbetern Offenbarungen schenken wird.

Solange wir Anbeter sind, werden wir Unterscheidungsvermögen haben: Gott wird unsere Augen für den geistlichen Bereich öffnen, so dass wir genau wissen werden, wer uns angreift, wo wir angegriffen werden, und was wir angesichts dieser Tatsache tun müssen.

Vor einiger Zeit zog ich mich an einen einsamen Ort zurück, um dort die Stimme Gottes zu hören und in ungestörtem Kontakt mit Ihm zu sein. Auch nach drei Tagen des Fastens, des Gebets und der Anbetung war es mir einfach nicht gelungen, die Stimme Gottes zu hören, doch mit einem Mal öffnete der Herr meine Augen für den geistlichen Bereich und ließ mich sehen, mit wem ich zu kämpfen hatte. Er ließ es zu, dass der Feind sich mir präsentierte; und ich begriff, dass Gott dadurch zu mir sprechen und mir etwas offenbaren wollte. Ich sah den geistlichen Bereich und ich sah die Festungen, die sich erheben, um zu verhindern, dass das Volk Gottes das empfängt, was Gott ihm geben möchte. Und ich sah, wie eines jener dämonischen Wesen sich mir näherte. Doch ich beachtete es einfach nicht und fuhr fort den Herrn anzubeten. Ich ließ nicht zu, dass irgendjemand meine Anbetung unterbrechen sollte.

Gott hat alles unter Seiner Kontrolle, und nichts geschieht auf der Erde ohne Seine Erlaubnis.

Als ich den Entschluss fasste, den Feind nicht zu beachten und **den Herrn mit noch mehr Intensität anzubeten, indem ich erklärte, wer Er ist und wozu Er fähig ist,** konnte der Feind es nicht länger ertragen, bei mir zu bleiben. Er fiel zu Boden und verlor zugleich alle Kraft und Macht. Ich fuhr fort anzubeten, und von dieser Stunde an konnte ich die Gegenwart Gottes intensiver verspüren.

Zu diesem Zeitpunkt erlebte ich eine tiefe innere Zerbrochenheit, und ab da begann ich die Stimme des Herrn zu hören, der direkt zu mir sprach.

Gott ist gewaltig, und nur Er soll angebetet werden.

Nun möchte ich dir etwas sehr Wichtiges sagen, lieber Leser, liebe Leserin! Gott lässt oft zu, dass schmerzliche Dinge geschehen, denn Er will wissen, wie weit wir dem Feind in unserem Leben Widerstand leisten und ob wir Ihm tatsächlich glauben.

In solchen Zeiten versucht der Feind dich zu entmutigen, um dich von der Anbetung abzubringen. Aber ich erkläre hiermit, dass es in deinem Leben zur Befreiung kommen wird, in Jesu Namen!

Obwohl der Feind versuchen wird, es zu verhindern, wirst du die Größe, die Herrlichkeit und die Macht der Anbetung entdecken, die durch den Mund eines Anbeters ausgeübt wird und ebenso den Schaden, den ein Anbeter den negativen Mächten in der geistlichen Welt zufügt. Eben das war es, was König David erkannte.

David machte sich Gedanken, wie er die Bundeslade nach Jerusalem bringen sollte, denn der erste Versuch war gescheitert, und zwar deshalb, weil er zu sehr mit den materiellen Dingen beschäftigt gewesen war und das Wichtigste an die zweite oder sogar dritte Stelle gesetzt hatte.

Wir müssen begreifen, dass wir uns nicht um alle uns umgebenden Dinge und Situationen kümmern müssen. Stattdessen sollten wir in erster Linie bestrebt sein, den Herrn anzubeten und alles uns Mögliche tun, damit der Heilige Geist Gottes zu uns sprechen kann und wir so Gott real erfahren!

Diese Erfahrung wollte auch König David mit Gott machen und ließ deshalb die Bundeslade heranbringen. Ich glaube von ganzem Herzen, dass der Psalm 96 an eben dem Tag geschrieben wurde, an dem die Bundeslade in Jerusalem eintraf. An jenem Tag befahl David dem ganzen Volk anzubeten, denn er wusste, dass sich die Situation Israels völlig verändern würde, weil sich die Bundeslade nun beim Volk Gottes befand. Die Zeit war gekommen, in der Anbetung ein neues Lied zu singen. Das Volk Gottes befand sich in einer neuen Zeit, so wie auch wir, wenn wir anbeten, uns in unserem geistlichen Leben in eine neue Zeit begeben! Endlich waren nun David und das Volk in der Nähe der Gegenwart Gottes. Denn die Bundeslade und mit ihr die Herrlichkeit Gottes waren nun in Jerusalem!

Genau das ist es, was der Herr in diesem Kapitel zu uns sagt: **Laßt uns ein neues Lied singen, denn das wird unser Leben radikal verändern.** So wird die Gegenwart Gottes ganz sicher zu uns kommen, sie wird uns berühren und zu neuen Menschen machen. **Dein und mein Charakter wird verändert werden.** Laßt uns weiterhin den Herrn anbeten und uns Ihm immer mehr nähern, bis der Herr Jesus in Glanz und Herrlichkeit herabkommt und Seine geschmückte Braut zu sich holt!

Jesus ist im Begriff wiederzukommen – halte dich bereit! – Der Herr ist im Begriff wiederzukommen und bereitet Seine Braut zu. „Seine Braut“ ist das große Heer der wahren Anbeter, d. h. derer, die den Herrn in Wahrheit, ohne jede Heuchelei, anbeten.

Er kennt dein Herz und meines.

Bereite dich vor, denn der Heilige Geist Gottes wird beginnen dir zu dienen (vielleicht in den frühen Morgenstunden). Er sagte, dass Er durch die Zeilen dieses Buches zu dir ganz persönlich sprechen würde, erinnerst du dich? Viele Dinge werden sich in deinem Leben verändern und du wirst plötzlich etwas Neues in dir verspüren; sei dir gewiss, es ist der Heilige Geist Gottes, der dich zubereitet.

In der Anbetung wirst du Freude erfahren, denn der Herr ist dabei, ein neues Lied in dein Leben zu legen. Halleluja!

Ebenso wie bei David, wird die Angst nicht mehr über dich herrschen können, denn die Gegenwart Gottes wird mit dir sein, genauso wie die Bundeslade in Jerusalem war. Der Herr wird neue Lieder in dein Herz und in deinen Mund legen, genauso wie Er es bei David getan hat.

Wir haben einen Gott, der **große Dinge in kleinen Personen** tut. Er schaut auf dich genauso wie Er auf David blickte, den Er von der Schafweide holte und zum König machte. Er hat etwas Wunderbares für dich bereit.

Nicht, dass die Anbetung das Herz Gottes verändern würde, denn Er ist unveränderlich. Sie wird aber unser Leben verändern, und wir werden Ihn erkennen, wie Er wirklich ist.

Nur so werden wir ein Leben im Sieg führen, denn Er ist es, der unsere Schlachten schlägt, und Er ist es, der uns den Sieg gibt.

Ich habe mit eigenen Augen gesehen, was für wunderbare Dinge während der Anbetung geschehen können. Und gerade während ich dies schreibe, sehe ich eine Wolke, und ich weiß, dass der Herr in unserer Mitte ist. Ein solches Erlebnis hatte ich bereits einmal während einer Freizeit, auf der ich diente. Dort geschah es in der Anbetung, dass eine Frau, die seit zwanzig Jahren auf beiden Ohren taub war, wieder hören konnte; eine andere Frau war plötzlich in der Lage, ohne ihre Krücken zu gehen; und wieder eine andere, die schon zehn Jahre im Rollstuhl saß, stand auf und ging umher. Und noch viele andere Wunder geschahen an jenem Ort in der Zeit der Anbetung. Halleluja!

2

Was im Himmel geschieht, wird auch auf der Erde geschehen

In ***Amos 9,11*** lesen wir:

„An jenem Tag richte ich die verfallene Hütte Davids auf, ihre Risse vermauere ich, und ihre Trümmer richte ich auf, und ich baue sie wie in den Tagen der Vorzeit ...“

Amos prophezeite etwas, das wir heute vor unseren Augen geschehen sehen: die Wiederherstellung der „Hütte Davids“, d. h. der Stiftshütte, von der ja schon im vorhergehenden Kapitel die Rede war.

An anderer Stelle, nämlich in ***Apostelgeschichte 15,16-18***, steht dazu Folgendes:

„Nach diesem will ich zurückkehren und wieder aufbauen die Hütte Davids, die verfallen ist, und ihre Trümmer will ich wieder bauen und sie wie-

der aufrichten; damit die übrigen der Menschen den Herrn suchen und alle Nationen, über die mein Name angerufen ist, spricht der Herr, der dieses tut."

Was aber ist die Stiftshütte, von der hier die Rede ist? Nun, die Stiftshütte ist der Ort der Anbetung Gottes.

Und Er, unser Vater, möchte diese Anbetung wieder empfangen, die Ihm seit langem vorenthalten wird, weil sie einfach in Vergessenheit geraten ist.

Deshalb offenbart Er uns nun, dass die Zeit gekommen ist, wo die Stiftshütte auf der Erde wiederhergestellt wird. Es ist jetzt die Zeit Gottes, in der alles erfüllt werden soll, was Er verheißen hat.

So wie der Vater zu Mose sagte, dass alles, was er im Himmel gesehen hatte, auch auf der Erde umgesetzt werden sollte, so sagte Er zu David: Ich gebe eine neue Ordnung der Anbetung, indem ich die Bundeslade in eine neue Stiftshütte setze und euch sage, dass ihr Mich beständig anbeten sollt.

Heute nun stellt Er die Stiftshütte wieder her, damit wiederum das auf der Erde sei, was auch im Himmel ist. Aber verstehen wir heute so gut wie David damals, was Gott uns sagt?

Gott sprach, und David verstand die Wichtigkeit der Anbetung, und motiviert durch dieses Verständnis, **berief er Anbeter, die 24 Stunden lang ohne Unterlass vor der Bundeslade Gottes anbeten sollten.**

Heute erwartet Er dieselbe Haltung von uns: Er

will, dass wir Ihm Anbetung geben, an allen Orten und zu jeder Zeit. Amen!

In ***Offenbarung 4,8-11*** lesen wir:

> *„Und die vier lebendigen Wesen hatten, eines wie das andere, je sechs Flügel und sind ringsum und inwendig voller Augen, und sie hören Tag und Nacht nicht auf zu sagen: Heilig, heilig, heilig, Herr, Gott, Allmächtiger, der war und der ist und der kommt! Und wenn die lebendigen Wesen Herrlichkeit und Ehre und Danksagung geben werden dem, der auf dem Thron sitzt, der da lebt von Ewigkeit zu Ewigkeit, so werden die vierundzwanzig Ältesten niederfallen vor dem, der auf dem Thron sitzt, und den anbeten, der von Ewigkeit zu Ewigkeit lebt, und werden ihre Siegeskränze niederwerfen vor dem Thron und sagen: ‚Du bist würdig, unser Herr und Gott, die Herrlichkeit und die Ehre und die Macht zu nehmen, denn du hast alle Dinge erschaffen, und deines Willens wegen waren sie und sind sie erschaffen worden.'"*

Beachte hier besonders Offenbarung 4,8: Die Engel im Himmel umgeben den Thron Gottes und beten Ihn ohne Unterbrechung Tag und Nacht an, indem sie rufen:

„Heilig, heilig, heilig, Herr, Gott, Allmächtiger, der war und der ist und der kommt!"

So wie David Gottes Weisung verstanden und entsprechend gehandelt hat, habe auch ich die Offenbarung empfangen, eine Anbetungsuhr zu erstellen, und bin nun dabei, dies zu tun.

Eine „Anbetungsuhr“ erstellen bedeutet, dass 24 Stunden lang jeden Tag Tausende oder sogar Millionen von Geschwistern vor Gott ununterbrochen anbeten werden.

Dadurch wird die Hütte Davids wiederhergestellt werden und das Wort des Herrn hinsichtlich der Vorbereitung der großen Ernte wird sich erfüllen.

Gott bewegt sich auf wunderbare und mächtige Weise in diesen Tagen, indem Er die Wiederherstellung Seines Altars unter den Menschen voranbringt. Gott möchte dabei in uns die Bereitschaft vorfinden, einen Altar der ständigen, vollkommenen Anbetung zu schaffen.

Die Wiederherstellung der Anbetung auf der Erde bedeutet, dass die Erde wie der Himmel wird, wo die Anbetung direkt vor dem Throne Gottes Tag und Nacht ununterbrochen fließt.

Der Vater will, dass wir Ihn direkt in Seiner Gegenwart anbeten, im Thronsaal; daher ist es notwendig, dass wir eine Verbindung zwischen der Erde und dem Himmel herstellen.

Gott zeigte auch Mose diese ununterbrochene Anbetung und bestimmte, dass er einen Ort bauen sollte, an dem Er auf diese Weise angebetet werden konnte.

Er zeigte Mose die Stiftshütte im Himmel und sagte: „***Betrachte alles genau und präge es dir ein, denn Ich will, dass du auf der Erde ein genaues Abbild meines Heiligtums im Himmel bereitest. Die Priester sollen in diesem Heiligtum dienen, genauso wie es im Himmel geschieht: sie sollen ununterbrochen anbeten"(nach 2. Mose 25,9 und 40).***

Mose gehorchte, baute das Zelt und führte das Volk in die Anbetung, aber im Laufe der Zeit begann das Volk die Offenbarung Gottes nicht mehr an die erste, sondern an die zweite oder dritte Stelle zu setzen.

Später, zum vorbestimmten Zeitpunkt, erwählte Gott dann David, einen Mann nach Seinem Herzen, und teilte ihm durch Samuel neu die Offenbarung des Mose mit. Daraufhin richtete David die Stiftshütte wieder auf.

Doch auch danach entfernte sich das Volk Gottes erneut von der Vision der Anbetung.

Laßt uns nun heute diese Vision einlösen, in Jesu Namen!

Denn Gott hat nicht nur Mose und David Anbetung aufgetragen, sondern Jesus selbst lehrt sie uns in Johannes 4,23.

Hast du dir schon vorgestellt, wie es sein wird, wenn die vier Enden der Erde anbeten?

Es wird gewaltiger werden, als du dir vorstellen kannst. Aber du wirst bald verstehen, was Gott tun wird. Halleluja!

3

Jesu Gebet: „Vater unser, der du bist im Himmel“

Im Gebet, das Jesus Seine Jünger lehrte (Matthäus 6, 9-13), lehrte Er sie auch, wie man anbetet. Lesen wir:

> *„Vater unser, der du bist in den Himmeln, geheiligt werde dein Name; dein Reich komme; dein Wille geschehe, wie im Himmel so auch auf Erden! Unser tägliches Brot gib uns heute; und vergib uns unsere Schulden, wie auch wir unseren Schuldnern vergeben haben; und führe uns nicht in Versuchung, sondern errette uns von dem Bösen! Denn dein ist das Reich und die Kraft und die Herrlichkeit in Ewigkeit. Amen!“*

Jesus wusste um die Bedeutung jedes einzelnen Wortes:

Geheiligt – damit will Er sagen: *„Heilig, Heilig ist Dein Name“* – Er weist auf die Heiligkeit des Vaters hin.

Dein Reich komme – drückt den Wunsch aus, den Himmel auf der Erde zu erleben, oder vielmehr, die Verwirklichung des Willens Gottes auf der Erde, welcher ist, dass Ihn alle anbeten *(Johannes 4,23)*.

Dein Wille geschehe – anerkennt den Vorrang und die absolute Autorität des vollkommenen Willens Gottes.

Wie im Himmel so auch auf Erden – hier handelt es sich um die Anerkennung und Bestätigung der Tatsache, dass wir alle Gott anbeten müssen, so wie die Engel Ihn im Himmel Tag und Nacht anbeten. Gott verfolgt eine Absicht, und diese ist, auf der Erde alles das geschehen zu lassen, was im Himmel geschieht.

Bist du bereit, ein Anbeter zu sein? Und die Offenbarung zu empfangen, die dein ganzes Leben verändern wird? Das ist es, was Gott will und was Er von uns, Seinen Kindern, fordert.

Wenn wir auf diese Weise beten und dabei den Namen des lebendigen Gottes erheben, verherrlichen und anbeten, bewirken wir, dass hier auf der Erde das geschieht, was im Himmel geschieht, nämlich die wahre Anbetung. Und so werden wir ein großes Heer von Anbetern bilden.

Bist du bereit, dich in dieses große Heer einzuschreiben, das Gott für diese Endzeit trainiert?

Beachte, als Samuel David salbte, lehrte er ihn auch, und David verstand bald, dass er ohne Anbetung nicht in den Plan Gottes für sein Leben eintreten würde. Angesichts dieser Erkenntnis beeilte er sich, das Zelt des Mose wiederherzustellen, und **empfing damit die Salbung des Anbeters; die Salbung, um alles wiederherzustellen.**

Die Zeit der Veränderung ist gekommen; die Zeit, unsere **fehlerhaften Konzepte** zur Seite zu legen, die egoistisch sind und im Gegensatz zum Willen Gottes stehen, die Zeit, jede wie immer geartete Religiosität (die zu nichts führt) abzulegen und den Altar des Herrn wiederherzustellen.

Wir müssen zu einer Bedrohung für die Hölle werden.

David war ein Anbeter. Auf seinem Altar der Anbetung brannte immer das Feuer – und er war immer siegreich (lies ein Beispiel in *1. Samuel 17).*

Zur Zeit Davids wurde alles, was in Ruinen lag, wiederhergestellt; und heute, in unserer Zeit, ruft uns der Herr, dass wir den Altar der Anbetung, der in Ruinen liegt, wieder aufbauen, um das Volk Gottes in eine neue Dimension Seiner Erkenntnis zu führen.

Gott will, dass hier das Gleiche geschieht, was im Himmel von Anfang an um Seinen hohen und erhabenen Thron geschieht, wo alle sagen: ***Heilig, heilig, heilig ist der Herr der Heerscharen.***

Die Anbetung bereitet den Weg für die Rückkehr des Herrn Jesus Christus; sie ist die Vorbereitung für Seine Regentschaft.

Sei bereit, denn die Tage sind nahe!

Wenn der Himmel zerrissen werden wird und

der Schall der Trompete bewirken wird, dass in einem Augenblick die Anbeter gesammelt und von der Erde entrückt werden, um sich mit den Engeln zu vereinigen, wirst du dann dabei sein? Ich weiß, dass ich dann in den Himmel auffahren werde, und du?

Im Himmel, unserer neuen Wohnstätte, werden wir leben, um den Herrn anzubeten, und wir werden uns um den Thron scharen. Wenn wir kein Gefallen daran haben anzubeten und in Seiner Nähe zu sein, solange wir noch hier sind, was werden wir dann im Himmel tun?

Die Anbetung wird uns in die Nähe von Jesus bringen, und dann werden alle Ketten fallen, denn der Heilige Geist Gottes wird in uns von innen nach außen wirken, und das wiederum wird uns in die Liebe Gottes einhüllen. Wir werden Ihn lieben wie Er ist.

Jetzt ist die Zeit der großen Ernte, denn die Früchte sind schon reif und bereit, geerntet zu werden. Dies ist die letzte Zeit!

Der Startschuss wurde schon abgefeuert, jetzt müssen wir laufen und als Sieger in der Schlussgeraden ankommen.

Jetzt ist die Zeit gekommen aufzuwachen. Die Anbetung wird uns aufwecken und uns stärken, damit wir endlich begreifen, wie notwendig es ist, Gott zu erkennen.

Lasst uns bereit sein, lasst uns die Atmosphäre mit der Anbetung für unseren Herrn und Gott füllen, denn Sein Wort versichert uns, dass die Erde voll sein wird mit der Erkenntnis der Herrlichkeit des Herrn, so wie die Wasser das Meer bedecken, und der Geist der Anbetung wird ausgegossen werden über uns. Unsere ganze Aufmerksamkeit wird darauf gerichtet sein, den Herrn Tag und Nacht ohne Unterlass anzubeten.

Als Gott Johannes den Täufer erwählte, gab Er ihm den Auftrag, die Geburt des Messias zu predigen. Viele glaubten ihm nicht, aber Jesus wurde trotzdem geboren.

Auch heute spricht Gott: es ist Zeit, uns vorzubereiten; Jesus kommt wieder. Und das offenbart Er durch Seine Propheten. Ob wir es nun glauben oder nicht – Jesus steht vor der Tür und sagt: ***„Bereitet euch vor in der Anbetung, Ich bin im Begriff wiederzukommen!!!"***

Viele, genauso wie damals, glauben das heute nicht, aber, mein Bruder, meine Schwester, sei sehr aufmerksam: der Wettlauf hat schon begonnen, wir müssen nach den Dingen da oben trachten, wo Christus sitzt; wir müssen an die Dinge da oben denken und nicht an die Dinge hier unten.

Lies dazu ***Kolosser 3,5 und 12.***
In ***Epheser 2,6*** lesen wir:

„Er hat uns mitauferweckt und mitsitzen lassen in der Himmelswelt in Christus Jesus."

Ist Christus tatsächlich in uns?
Sind wir tatsächlich mit Christus?
Wie können wir das wissen?
Verhalten wir uns wie Himmelsbürger?

Jesus Christus starb, und mit Seinem Blut erkaufte Er uns für Gott und machte uns somit zu Königen und Priestern. Aus diesem Grunde werden wir über die Erde herrschen, zusammen mit Jesus Christus von Nazareth, dem Sohn des lebendigen Gottes.

Er, und nur Er hat den Schlüssel des Todes und der Hölle, **Er ist der einzige Sieger**, wir sind Mitsieger in Ihm. Jesus hält den Schlüssel des Sieges in Seinen Händen, nur Er kann öffnen und schließen.

Jetzt ist deine Gelegenheit zu entscheiden, wo du wohnen wirst.

4

Wer wird in den Himmel auffahren?

„Des Herrn ist die Erde und ihre Fülle, die Welt und die darauf wohnen. Denn er, er hat sie gegründet über Meeren, und über Strömen sie festgestellt. Wer darf hinaufsteigen auf den Berg des Herrn und wer darf stehen an seiner heiligen Stätte? Der unschuldige Hände und ein reines Herz hat, der seine Seele nicht auf Falsches richtet und nicht schwört zum Betrug. Er wird Segen empfangen vom Herrn und Gerechtigkeit von dem Gott seines Heils.“ – Psalm 24,1-5.

David beginnt diesen Psalm damit, dass er Gott anbetet und anerkennt, wer Gott tatsächlich ist, und so fährt er fort in der Anbetung.

Meine Lieben, Anbetung ist eine freiwillige Handlung. Der Wunsch, uns Gott zu nahen, keimt in uns und wir treten in einen großen Fluss der Anbetung ein – Anbetung, die sogleich auf unerklärliche und übernatürliche Weise aus uns hervorquillt. Es ist genau dieser Wunsch, unsere Liebe zu Gott auszudrücken, der bewirkt, dass wir nicht mehr leben können, ohne Ihn anzubeten. Dieser Wunsch wird stärker sein als wir selbst.

In den Versen 3 und 4 erwähnt David jedoch einige Bedingungen, die ein Anbeter erfüllen muss. Er sagt: ***„Wer darf hinaufsteigen auf den Berg des Herrn und wer darf stehen an seiner heiligen Stätte? Der unschuldige Hände und ein reines Herz hat, der seine Seele nicht auf Falsches richtet und nicht schwört zum Betrug.“***

Lieber Leser, in welchem Zustand befinden sich deine Hände?

Wie steht es um dein Herz?

Hast du dir das Recht, in die Gegenwart Gottes zu treten, erworben?

Bist du wahrhaftig, oder ist Falschheit an dir, führst du ein lügenhaftes Leben?

Wir können in die Gegenwart Gottes nur in Demut und mit innerer Zerbrochenheit eintreten, mit einem reinen Herzen und mit unschuldigen Händen. Wir werden uns Gott niemals auf eine beliebige Weise nahen können, wir werden niemals in die Stiftshütte des allerhöchsten Gottes eintreten können, ohne diese Bedingungen zu erfüllen.

Eines der größten Probleme, dem die Anbeter gegenüberstehen, ist, dass sie versuchen, Gott im

Geist anzubeten, **während sie im Fleisch leben.** Denn das ist absolut unmöglich.

Adam wurde erschaffen, um eine enge Gemeinschaft mit Gott zu haben. Und diese Intimität ist auch der Kern der Anbetung. **Anbeten bedeutet, eine intime Beziehung zu haben, und es gibt keine Intimität ohne ein völliges Einbezogensein und ohne Verbindlichkeit.**

Vor dem Fall genossen Adam und Eva diese völlige Gemeinschaft. Aber als sie Gott ungehorsam waren, verloren sie diese Gemeinschaft. Sie begannen sich zu schämen und vor Seiner Gegenwart zu fliehen. So ist es immer, die Sünde entfernt uns von Gott.

Die Bibel, die Magna Charta für unser Leben, zeigt uns zwei Lebensmöglichkeiten:

1. – im Geist zu wandeln
2. – im Fleisch zu wandeln.

Wenn wir uns entschließen anzubeten, müssen wir damit auch die erste Möglichkeit wählen, denn es ist äußerst wichtig, Gott in Wahrheit anzubeten.

Der Druck des Lebens bewirkt in uns allen eine so große emotionale Spannung, dass wir dem Heiligen Geist widerstehen, aber wenn wir uns entschließen anzubeten, dann erfährt unser Geist ein solches Überlaufen und Überfließen, dass er sich loslöst, um dem Geist Gottes zu begegnen.

Dieser Vorgang kann verglichen werden mit der Befreiung eines Gefangenen aus dem Gefängnis: **die Anbetung befreit uns in einer glorreichen Art und Weise für die Offenbarung Gottes. Das ist der Augenblick, in dem die Festungen fallen, in denen unser Leben gefangen ist und wo die Erfrischung kommt. Nur der wahrhaftige Anbeter kann diese Erfahrung der Befreiung machen.**

Weiterhin lehrt uns David, dass die Anbetung unsere Jugend erneuert, wenn er im ***Psalm 84,8*** sagt, dass die Anbeter ***„von Kraft zu Kraft gehen ...“*** Darüber hinaus öffnet sich in der Anbetung ein Raum für Wunder, denn die Anbetung ist das Höchste, was wir als Menschen Gott darbringen können.

Die Anbetung ist wie Weihrauch. Sie ist ein Wohlgeruch für Gott und hat viel mehr Macht als wir vermuten. Unsere Anbetung ist imstande, Gewalttätigkeit zurückzuhalten, jede Art von Problemen und jedes Elend zu besiegen und hat außerdem die Macht, alle Strategien des Feindes in unserem Leben und im Leben unserer Lieben zunichte zu machen.

Wir müssen nur den Reichtum und die Tiefe der Anbetung, die Jesus sich wünscht, verstehen: Er möchte, dass sie im Geist und in der Wahrheit stattfindet.

Diese Anbetung hält das Reich Satans zurück und untergräbt es. Denn jeder Anbeter hat Autorität.

Wo sich ein anbetender Geist befindet, dort sitzt Gott auf dem Thron! **Wenn unser Geist ein anbetender ist, dann können uns weder unser Fleisch, noch die Welt, noch Satan etwas anhaben.**

Beim Lesen des ***Psalms 24,7-10*** gewinnen wir den Eindruck, dass David einen Augenblick von besonderer Intimität mit Gott erlebte. Das ist es, was Gott Seinen Anbetern geben will: Er will ihnen Offenbarung schenken für die Zeit, in die wir uns jetzt hineinbegeben, für die Endzeit, in der wir von Gott sehr viel Unterscheidungsvermögen benötigen werden. In den folgenden Kapiteln werde ich noch genauer erklären, wie ich das meine.

Kehren wir zu David zurück. Er darf in diesem Augenblick einen Blick in die Zukunft tun und sieht Jesus, wie Er verherrlicht in den Himmel einzieht, dabei hört er die Engel sagen:

> ***„Erhebt, ihr Tore, eure Häupter, und erhebt euch, ihr ewigen Pforten, dass der König der Herrlichkeit einziehe! Wer ist dieser König der Herrlichkeit? Der Herr, stark und mächtig! Der Herr, mächtig im Kampf! Erhebt, ihr Tore, eure Häupter, und erhebt euch, ihr ewigen Pforten, dass der König der Herrlichkeit einziehe! Wer ist er, dieser König der Herrlichkeit? Der Herr der Heerscharen, er ist der König der Herrlichkeit!“***

David durfte also damals bereits Jesus sehen, und so will Gott uns auch heute eine Offenbarung von dem geben, was noch geschehen wird. **Er** will sich uns offenbaren. Amen!

5

Der Charakter des wahren Anbeters

Sowohl überall in Brasilien als auch auf der ganzen Welt sind die Menschen **auf der Suche nach Gott, aber die Wahrheit ist, dass Gott selbst eine ganz bestimmte Art von Personen sucht: die wahren Anbeter.**

Der Herr Jesus sagte zu der Samariterin: Gott sucht solche, die Ihn im Geist und in der Wahrheit anbeten, d. h. solche, die Ihn vor allem anderen suchen. Gott ist der Religiosität überdrüssig, Er hat die falsche Anbetung satt. Aber wo finden sich die wahren Anbeter, die, die Gott wirklich über alle anderen Dinge stellen und Ihn anbeten wollen, die Ihn suchen wegen dem, was Er tatsächlich ist?

Im Allgemeinen kommen die Menschen zu Gott nur wegen dem, was Er für sie tun kann. Wenn sie keinen persönlichen Vorteil sehen, interessieren sie sich nicht für Ihn.

Doch Gott hat etwas Gewaltiges für uns. Er hat uns zu Seiner Freude erschaffen, aber oft kehren wir Ihm den Rücken zu und geben Ihm nicht die Ehre, die Ihm gebührt. Wir schenken anderen Dingen unsere Aufmerksamkeit und vertrösten Gott auf später. In Wirklichkeit müsste Er an erster Stelle stehen, denn an zweiter Stelle wird Er niemals stehen.

Wir Anbeter müssen einen Charakter haben, der dem Charakter Jesu entspricht. Jesus selbst war vom Heiligen Geist geprägt, und der Heilige Geist diente Ihm ständig.

Wenn wir Jesus nicht an die erste Stelle setzen und Ihn nicht anbeten, haben wir Anteil am Tod und nicht am Leben, denn Er ist das Leben, und wenn wir Ihn anbeten, kommt Sein Leben in das unsere.

Im Matthäus-Evangelium im 2. Kapitel lesen wir von den weisen Männern, die nach Jerusalem kamen und Jesus suchten, um Ihn anzubeten. „Und sie fragten: Wo ist der König der Juden, der geboren worden ist? Denn wir haben seinen Stern im Morgenland gesehen und sind gekommen, ihm zu huldigen“ (Matthäus 2,2).

Diese Männer kamen von einem weit entfernten Ort, denn sie wollten den König anbeten.

Zuerst suchten sie Jesus im Palast – denn der König wird doch immer im Palast geboren –, aber dort war er nicht.

„Als sie aber den Stern sahen, freuten sie sich mit sehr großer Freude“ (Matthäus 2,10). Sie sahen also den Stern und freuten sich.

Der wahre Anbeter gibt nicht auf, bis er am Ziel ist. Er hat eine einzige Motivation: den König anzubeten.

Der wahre Anbeter freut sich.

Der wahre Anbeter gerät nicht in Zorn.

Der wahre Anbeter lügt nicht, denn er weiß, was in **Offenbarung 22,15** steht:

> ***„Draußen sind die Hunde und die Zauberer und die Unzüchtigen und die Mörder und die Götzendiener und jeder, der die Lüge liebt und tut."***

Der wahre Anbeter schuldet niemandem etwas. Wenn du dir Geld geliehen hast und es nicht zurückzahlst, bleibst du dein Leben lang gebunden und hast keinen Erfolg, denn Satan benützt diese Bresche und behindert dich in deinem Lauf. Einige dich also mit deinem Gläubiger so schnell wie möglich, damit die Ketten sich lösen und du wieder vorankommen kannst.

Der wahre Anbeter macht auch keine Kopien, wenn sie nicht erlaubt sind, denn er weiß, dass er dadurch Gott ungehorsam wäre.

Der wahre Anbeter spricht nicht schlecht über andere.

Der wahre Anbeter, der Gott wirklich liebt, spricht eindeutig, Sein Wort ist „ja, ja", „nein, nein", denn alles, was darüber hinaus ist, ist vom Bösen.

Lieber Leser, liebe Leserin, das alles wird der Geist Gottes in deinem Leben bewirken und dein Charakter wird tatsächlich verändert werden.

In der Anbetung wirkt der Heilige Geist von innen nach außen. Er tut das, solange du dich in die Anbetung hineinnehmen lässt. Und so wird die Gemeinde in Heiligkeit wiederhergestellt. Aber lass dich nicht dazu verleiten mit dem Hintergedanken anzubeten, dass du für deine Anbetung ja von Gott etwas im Tausch erhältst. Anbetung ist kein Geschäft und keine Methode. Aber wisse auch: Gott hält immer das Beste für dein Leben bereit.

6

Der Herr hat uns erwählt, Anbeter zu sein

In *2. Chronik 29,1-3* lesen wir:

> ***„Hiskia wurde König, als er 25 Jahre alt war, und er regierte 29 Jahre in Jerusalem; und der Name seiner Mutter war Abija, die Tochter Secharjas. Und er tat, was recht war in den Augen des Herrn, nach allem, was sein Vater David getan hatte. Er war es, der gleich im ersten Jahr seiner Regierung, im ersten Monat, die Türen des Hauses des Herrn öffnete und sie ausbesserte."***

Gott erwählte sich einen jungen Mann von 25 Jahren und bewegte ihn dazu, alles, was verloren war, wiederherzustellen. Der Tempel stand da (ich nehme an, dass seine Tore offen standen), und das Volk ging hinein, genauso, wie wir heute zur Kirche gehen.

Doch die Menschen gingen nicht hin, um wahre Brandopfer darzubringen. Gott lenkte Hiskias Aufmerksamkeit auf diesen Missstand, und der Geist Gottes, so glaube ich, offenbarte ihm, was er tun sollte.

Deshalb war Hiskias erste Handlung, als er mit 25 Jahren König wurde, die Türen des Hauses des Herrn zu öffnen und alles das auszubessern, was nicht mehr in Ordnung war. Er ließ die Priester und die Leviten kommen und berief eine Versammlung ein, auf der er sinngemäß Folgendes sagte: *„Hört mich, ihr Leviten!* ***Heiligt euch, denn es ist die Zeit gekommen, ein geheiligtes Leben zu führen. Heiligt das Haus des Herrn, des Gottes unserer Väter, und schafft allen Unrat aus dem Heiligtum. Jetzt ist die Zeit sich zu waschen, alle schmutzigen Gewänder auszuziehen, die Masken und die Schminke abzulegen und mit reinem Angesicht vor Gott zu treten, so, als ob wir uns in einem Spiegel betrachten.“*** *(paraphrasiert nach 2. Chronik 29,5-7)*

Wir dürfen nicht mehr mit Masken zur Kirche kommen, d. h. Gott das sagen, was Er unserer Meinung nach hören will, während unsere Herzen weit von Ihm entfernt sind. Gott möchte von unseren Herzen etwas Aufrichtiges hören.

Wir haben zwar viel geredet, aber unser Verhalten nicht geändert. **Doch es ist die Veränderung des Lebens, die für Gott zählt,** denn sie beweist, was tatsächlich in unseren Herzen ist.

Wir wollen mit dem Schmutz der Welt gehen, aber der Herr sagt uns, „es ist Zeit, das Haus zu reinigen." Wir sind der Tempel des Heiligen Geistes Gottes, und Er will in uns wohnen; Er kann jedoch nicht in einem schmutzigen Haus, d. h. in einem Haus voll Sünde wohnen. Wir müssen unser Haus reinigen.

Unsere Väter haben gesündigt. Sie taten, was in Gottes Augen böse war. Sie drehten dem Heiligtum den Rücken und wandten sich gegen Gott, sie ließen sich durch die Welt verführen, indem sie all das taten, was die Welt zu bieten hat, um das Fleisch zu befriedigen. Wenn wir nur das tun, was uns Spaß macht, können wir nicht ein Leben in Heiligkeit führen.

Heiligkeit ist eine Mauer, die uns von der Sünde trennt. Wenn wir uns heiligen, blicken wir auf Gott und verspüren den Wunsch, in Seiner Gegenwart zu wandeln und Seinen Willen zu tun; wenn wir jedoch auf die Welt blicken, wenn unsere Herzen auf unsere eigenen Seelen gerichtet sind und wir Vergnügungen suchen, die unser Fleisch zufrieden stellen, so ist das der Beweis, dass wir noch nicht geheiligt sind. Wir wollen, dass Gott in einem schmutzigen Tempel, einem Tempel voller Sünde, wohnen soll. Aber Gott sagt: **„Es ist Zeit, sich zu heiligen!"**

Wir leben wie Tote. Unsere Väter wandten sich ab, verschlossen die Türen der Vorhalle, löschten die Lampen aus und verbrannten keine Rauchopfer mehr. Aber die Lampe des Herrn Jesus soll doch in uns brennen! Wenn sie ausgelöscht ist, gibt es kein Licht, gibt es kein Leben und es bleibt nicht einmal der Wunsch, sich in Seiner Gegenwart aufzuhalten.

Wenn die Lampe in uns ausgelöscht ist, müssen wir sie neu anzünden. Wie Feuer muss wieder der Wunsch in uns brennen, die Gegenwart Gottes zu suchen, täglich 24 Stunden bei Ihm zu sein und Ihn anzubeten, Rauchopfer zum Himmel zu schicken und Brandopfer im Tempel Gottes darzubringen.

Und warum haben wir das bisher nicht getan, liebe Geschwister?

Die Bibel sagt, durch den Mund des Königs Hiskia, dass der große Zorn Gottes auf Juda und Jerusalem kam und Gott sie dem Schrecken und Entsetzen hingegeben hatte. Heute sehen wir das Gleiche in Brasilien, wo ich lebe, in Deutschland, in der Welt, in unseren Gemeinden und Familien und in unserem eigenen Leben.

Weil unsere Lampe ausgelöscht ist, weil wir kein Rauchopfer zum Himmel emporsenden, deshalb sind wir gebunden, gefangen und gefesselt, und selbst **wenn wir die Herrlichkeit Gottes sehen können, gelingt es uns doch nicht, ein Leben des Sieges zu leben,** und wir haben nicht die Freude des Heiligen Geistes Gottes in unserem Leben. Wir blicken auf unsere Kinder und sehen, wie sie sich in Drogen verlieren, wir sehen, wie unsere Jugend all das tut, was Gott nicht möchte, wie sie sich geradezu prostituiert, weil sie nicht einmal mehr weiß, was Sünde ist: alles gilt heute als normal.

Die Welt setzt die Lüge an die Stelle der Wahrheit, sie kann das Gute nicht mehr vom Bösen unterscheiden, sie erkennt nicht mehr, was Sünde ist. Weil wir selbst kein Leben in Heiligkeit suchen, haben wir bisher alles über uns ergehen lassen, was die Welt tut.

König Hiskia schloss einen Bund mit Gott, um die Glut des Zornes Gottes von Israel abzuwenden (2. Chronik 29,10).

Auch wir müssen einen Bund mit Gott schließen, damit sich Sein Zorn von uns abwendet.

Darum ist es so wichtig, dass du den Entschluss fasst, mit dem Herrn am Kreuz einen Bund zu schließen, denn nur so wird Gott seinen Zorn auch von dir abwenden.

Es ist die Zeit der Heiligkeit, es ist die Zeit der Heiligung, es ist die Zeit, Gott mit all unseren Kräften zu suchen, mit all unserem Verstand, mit unserem ganzen Herzen. Wir sollen nicht mehr Christsein spielen, wir müssen diese Maske, diese Schminke, die uns wie Christen aussehen lässt, auch wenn wir keine sind, von uns tun.

Wir gehen in die Gemeinde und glauben, dass wir die Gemeinde sind, aber wir sind es gar nicht; und wir werden Gott Rechenschaft darüber ablegen müssen!

Die Augen des Herrn sind wie Feuerflammen, die um die ganze Erde streifen; es gibt keinen einzigen Ort, an dem wir uns verstecken könnten, ohne dass

Gott uns sehen würde, es ist Ihm auf der Erde nichts verborgen und Er durchforscht unser Leben, unser Herz, unser ganzes Wesen, und Er weiß sogar, was du in diesem Augenblick denkst.

Gott ist ein gewaltiger Gott, und Er ist ein Gott, der eine Absicht verfolgt. Als ich begann, Seine Gegenwart zu suchen, hatte ich großen Durst nach Gott, und auch heute noch bin ich so durstig nach Gott, dass ich beständig ein starkes Verlangen habe, in der Gegenwart Gottes zu sein, und wenn ich nicht bei Ihm bin, verspüre ich eine sehr tiefe Traurigkeit. Die Freude am Herrn ist Teil meines Lebens, und wenn ich sie nicht jeden Tag aufs Neue suchte, würde ich ein Leben als Tote führen, denn ich brauche Seine Gegenwart, um zu leben. In dem Maße, in dem ich Gott suchte und Ihn täglich mehr suche, habe ich gelernt, dass ich vieles hatte und immer noch habe, das ich ablegen muss, das ich lassen muss, das ich einfach verändern muss. Ich muss immer noch mein Fleisch sehr disziplinieren, damit der Heilige Geist vollkommen auf allen Gebieten meines Lebens die Führung übernehmen kann.

Es gab eine Zeit, in der ich den Herrn im Gebet bat, Er möge mir alles, was Sünde ist, offenbaren, denn ich wollte nicht mehr sündigen. Ich dachte kindlich unbefangen, dass das ganz plötzlich geschehen könnte, und ich bereitete mich darauf vor, alles zu empfangen, was diesbezüglich notwendig sei. Aber so geht es nicht, musste ich lernen, denn empfangen kann ich nur durch einen intensiven Wandel mit Gott. Aus diesem Grunde sagt Gott uns nie alles auf einmal.

Wenn du betest und wirklich den Herrn anbeten willst, dann wird Er dir offenbaren und dich lehren, was Sünde ist. Er wird alle Verwirrung wegnehmen, die die Welt in dir geschaffen hat, und Er wird dir zeigen, wie du dich für Ihn heiligen sollst.

Wir wissen nicht mehr, was Sünde ist. Wir sagen: ***„Schließlich tun es doch alle"***, und am Ende stellen wir fest, dass ***wir so sind wie die ganze Welt.*** Der Heilige Geist Gottes sagt uns jedoch: ***„Du bist nicht wie die ganze Welt! Du bist mein Eigentum, und du bist besonders!"***

Daher möchte ich hier betonen, dass Anbetung ein Wandel mit Gott ist, durch den Er selbst dir Tag für Tag dient. In dem Maße, in dem wir mit Gott wandeln, offenbart uns der Heilige Geist alle Dinge. Wenn wir dem Herrn gehorchen, dienen und Ihm wohlgefallen, dann werden wir in das Leben und in den Segen eintreten und das Beste des Landes essen.

Als ich einmal betete, sprach der Herr zu mir bezüglich des Gleichnisses vom Weinberg und den Füchsen: Ein Mann besaß einen sehr großen Weinberg und stellte einige Männer ein, die sich darum kümmern sollten, dass kein Fuchs hineinkäme und die Trauben fräße. Doch schon nachdem die erste Nacht vergangen war, kam der Besitzer und fand im ganzen Weinberg keine einzige Traube. Er rief seine

Wächter und stellte sie zur Rede. Die aber beteuerten, dass sie die ganze Nacht gewacht hätten.

Was war geschehen? Nun, die Männer waren nur hinter den großen Füchsen her gewesen und hatten darüber die kleinen Füchse vergessen. Diese waren unbeobachtet in den Weinberg gekommen und hatten alle Trauben gefressen.

Gott sagte mir, dass wir zwar bezüglich der großen Dinge wachsam sind und uns um sie kümmern, aber die kleinen Dinge vergessen, weil wir ihnen keine Bedeutung beimessen. Auf diesem Gebiet werden viele Menschen von Satan gefangen, sie sind nicht wachsam und fallen in Sünde.

Gott sagte, dass, wenn Sein Volk Ihm **nicht gehorcht, es sich im Gegensatz zu Seinem Wort und Seinen Verheißungen bewegt und der Feind dadurch leichten Zugang zum Leben von Personen hat.**

Der Teufel kennt das Wort Gottes sehr genau und weiß, dass ihm Sünde das Recht gibt zu handeln. Er umkreist uns beständig, wartet auf den richtigen Augenblick und schlägt dann zu.

Gott will, dass wir uns heiligen, dass wir den Tempel vollständig reinigen, denn sonst wird Er nicht zu uns kommen.

Hiskia hatte diese Offenbarung und sprach zum Volk Israel: „Nun, meine Söhne, seid nicht lässig." Und ich sage zu euch: lasst auch uns nicht länger lässig sein!

Geschwister, der Herr hat uns erwählt, um Anbetung zu Ihm emporzusenden, um Ihm beständig in Anbetung zu dienen. Wenn deine Lampe erloschen ist, so zünde sie wieder an, und zwar heute, in Jesu Namen!

Erinnern wir uns an David, der genau soviel anbetete, wie er Krieg führte, und erinnern wir uns an Saul, der als König mit seinem Heer 40 Tage und 40 Nächte dem Spott der Philister ausgesetzt war, weil er nur ein Krieger war und nicht auch ein Anbeter. David aber war ein Anbeter, der die Feuerflamme auf dem Altar angezündet hatte.

David zündete die Flamme an und sie wurde in ihm nie ausgelöscht, und **deshalb konnte er vor den Riesen treten und sagen, „wer ist dieser Unbeschnittene? Ich werde kämpfen und ich werde siegen, nicht durch meine eigene Kraft, sondern der Herr der Heerscharen wird mit mir kämpfen!“** David besiegte Goliath in der Macht Jahwes. Er benötigte dazu nur ein einziges Steinchen – weil er ein Anbeter war! ***(1. Samuel 17,46-50).***

Lieber Bruder, liebe Schwester, hat Gott zu dir gesprochen? **Welcher Riese ist es, der dich herausfordert, und seit wann?**

Zünde jetzt die Feuerflamme an, schließe einen Bund mit dem Herrn, werde ein Anbeter! Sei nicht lässig. Gott hat dich erwählt, Ihn anzubeten, und alles andere wird Er dir hinzufügen.

Bitte um Vergebung für die vergangenen Dinge, bitte um Vergebung für deine Sünden (***Markus 7,19.23),*** versöhne dich mit dem Herrn, bete Gott an und du wirst die Antwort Gottes empfangen. Amen!

7

Gott antwortet, wenn wir anbeten

Psalm 22,4: *„Doch du bist heilig, der du wohnst unter den Lobgesängen Israels."*

Damit will der Psalmist sagen: Gott ist heilig und der Lobgesang ist Sein Thron; Er wohnt inmitten der Anbetung. Das bedeutet: wenn wir Gott anbeten**, schaffen wir eine Atmosphäre, in der Gott wohnen kann.** Wir bauen geistlich ein Zelt für die Bundeslade, und Gott beginnt, Sich in dieser Atmosphäre zu bewegen.

Wenn wir Gott anbeten, antwortet Er uns, und das will ich euch jetzt anhand Seines Wortes belegen.

In meinen vorigen Büchern habe ich einige Aspekte behandelt, von denen ich annehme, dass ihr sie inzwischen kennt. Hier noch einmal ein paar Beispiele:

- Anbetung ist die höchste Ebene geistlicher Kampfführung;

- Anbeten ist gleichbedeutend mit sich niederwerfen, sich neigen; es ist eine allgemeine Art, unsere eigene geringe Bedeutung auszudrücken;
- Anbeten heißt, jemandem, der sehr wichtig ist, unsere Wertschätzung zu zeigen.

Gott ist die wichtigste Person, die es gibt, und Er muss angebetet werden!

Wenn wir dies tun, sind wir uns Seines Glanzes und Seiner Majestät bewusst. **Wir schaffen eine Atmosphäre, in die Er kommen und in der Er bleiben kann.**

Wie ich schon vorher erwähnte, hat Gott mir offenbart, dass ich eine Anbetungsuhr einrichten soll, die folgendermaßen funktioniert: der Tag soll in seine 24 Stunden aufgeteilt werden und die Stunden sollen wiederum in ihre 60 Minuten aufgeteilt werden. Jede Person, die anbeten möchte, bestimmt, wann und wie lange sie anbetet (z. B. täglich 15 Minuten, von 15.15 bis 15.30 Uhr). Wichtig ist, dass alle Minuten des Tages auf der Anbetungsuhr besetzt sind, an allen sieben Tagen der Woche, und das auf der ganzen Welt. Wie diese Anbetungsuhr aussieht, zeigen wir am Ende dieses Buches.

Ich weiß nicht, ob ihr die Größe und Dimension des Gesagten erfassen könnt, denn ich selbst begreife diese Offenbarung noch nicht völlig. Aber wenn dieses Buch in deine Hände kommt, habe ich vielleicht schon mehr Offenbarung darüber. Denn Gott enthüllt seine Geheimnisse nach und nach, Tag für Tag, solange wir in enger Beziehung mit Ihm wandeln. Ich weiß, dass sehr große Dinge mit dem Volk Gottes geschehen werden. Amen! Ehre sei Gott!

Wenn schon eine einzige Person dem Teufel in der Anbetung unbequem wird, dann stelle dir ein großes Heer vor, das an allen Orten, 24 Stunden lang anbetet ... Das wird alle Pläne Satans für unser Leben, für unsere Familie, Stadt, Land und für die Welt zunichte machen. Halleluja!

Wir werden ganz einfach das geistliche Reich der Finsternis bombardieren und zum Explodieren bringen, indem wir alle dämonischen Mächte in den Abgrund stoßen, während wir Gott anbeten. Kannst du dir die Auswirkungen unserer Anbetung vorstellen?

Nur zum Beispiel: Auf meiner letzten Vortragsreise durch Deutschland diente ich in einer Gemeinde, und während ich über Anbetung sprach, wurde eine Frau spontan von einem bösen Geist befreit, der sie viele Jahre lang begleitet hatte. In einer anderen Gemeinde fuhr während der Anbetung aus einem Leiter ein Geist des Todes aus.

Gerade eben erst empfing ich eine Nachricht von einer Person, die eine Geschwulst in der Nase hatte und die während der Anbetung geheilt wurde.

Mittlerweile sind es sehr viele, die ein Leben der Anbetung führen; die Anbetungsuhr funktioniert bereits in zahlreichen Gemeinden, und ich habe von vielen wunderbaren Dingen gehört, die dort geschehen sind.

Lasst uns alle den Einzigen anbeten, der würdig ist, die Anbetung zu empfangen, Jesus Christus, den Sohn des lebendigen Gottes!

Wenn sich Menschen in der Anbetung befinden, dann erfüllt die Gegenwart Gottes den ganzen Raum, in dem angebetet wird. Die Bibel sagt, dass selbst die Berge in der Gegenwart Gottes wie Wachs zerschmelzen, und wenn die Berge selbst schmelzen, was wird dann erst mit deinen Problemen werden? Sie werden sich einfach in nichts auflösen!

Genau das hatte auch David verstanden; er wusste, wenn er anbetete, würde er kämpfen und den Sieg haben und bei allen seinen Unternehmungen niemals scheitern, denn die Gegenwart desjenigen, der Macht über alle Dinge hat, würde ja bei ihm sein.

Bedenke, dass auch David unter den gleichen Angriffen litt, unter denen wir leiden, aber dass er sich entschloss, einen Bund mit Gott zu schließen und dadurch an Seiner Seite zu bleiben. **Es ist eben diese Entscheidung, dieser Entschluss, den Jesus von uns will. Wir müssen den Herrn kennen, wie Er wirklich ist, und Ihm die Ehre geben, die Ihm gebührt!!** Der Psalm 95 fordert uns auf, **die Größe Gottes zu bekennen, uns Ihm zu nähern und anzuerkennen, dass alles, was wir sind, und alles, was wir haben, von Ihm abhängt.**

Wir verstehen dann auch, dass Er so groß und heilig ist, dass wir nicht einfach irgendwie vor Ihn treten können.

Die wahre Anbetung ist einerseits geistlich, denn sie muss aus unserem Herzen kommen; und sie ist zugleich auch körperlich, weil sie an einem Ort in der sichtbaren Welt stattfindet. Und sie hat immer mit einem Opfer zu tun, denn sie bedeutet, dass wir dem Fleisch keinen Raum mehr geben.

Denken wir an Abraham. Als Gott von ihm seinen Sohn Isaak verlangte, zeigte Er ihm zuerst einen Ort. Dann verlangte Er das Opfer (Abraham musste wirklich bereit sein, das Opfer zu bringen). Er ging hin und gehorchte. Und dann erst verschonte Gott Isaak (1. Mose 22,9-12). Diese anbetende Haltung Abrahams erkennen wir schon in 1. Mose 14,22, als er sagte: „Ich hebe meine Hand auf zu dem Herrn, zu Gott, dem Höchsten, der Himmel und Erde geschaffen hat."

Im Neuen Testament lesen wir dann zwei weitere wichtige Dinge:

Jesus lehrt, dass Gott nicht mehr einen bestimmten Ort der Anbetung möchte, sondern dass es nun darum geht, Gott ***im Geist und in der Wahrheit*** anzubeten (*Johannes 4,23*).

Und der Apostel Paulus sagt: ***„Laßt uns Gott stets ein Opfer des Lobes darbringen! Das ist: Frucht der Lippen, die seinen Namen bekennen*** *(Hebräer 13,15)*.

Wir müssen tatsächlich ein Opfer bringen; **alles**

verlangt ein Opfer. Jesus opferte sich, damit wir Errettung erlangen könnten.

Es ist ein Opfer nötig, aber es gibt auch den Sieg. Jesus starb für uns, aber nach drei Tagen stand Er von den Toten auf. Er hatte den Sieg.

Er zerstörte die Pläne des Feindes, der niemals gedacht hatte, dass Jesus von den Toten auferstehen würde. Halleluja!

Und diesen Sieg gab Jesus uns!

In der Anbetung erleben wir, was es heißt, in der Gegenwart Gottes zu sein. Mose verstand, dass wir ohne Gottes Gegenwart nicht leben können. Darum war Mose auch so verzweifelt, als er mit dem Volk durch die Wüste ging, und das Volk Israel sündigte, und Gott ihm daraufhin sagte, dass Er nicht mehr mit ihnen sein würde.

In der Gegenwart Gottes gibt es **Schutz und Sieg**. Wir werden stark in Christus, und die Dämonen müssen weichen. Wir brauchen nichts zu fürchten, denn wenn wir anbeten, **wohnen wir im Schutz des Allmächtigen**. Halleluja!

Wir müssen mit Mose lernen und die Haltung annehmen, die auch er mit seinem Leben immer wieder zum Ausdruck brachte: „Herr, ich lasse Dich nicht, ich verlasse Dich unter keinen Umständen, für überhaupt nichts in dieser Welt, seien es Probleme, Bedrängnisse aus der Hölle, oder was es auch immer sein mag." Auf diese Haltung des Mose reagierte der Herr gern, und als er die Stiftshütte fertig gebaut hatte, erfüllte die Herrlichkeit des Herrn jenen Ort. So beantwortete Gott die Anbetung des Mose.

Das Gleiche erlebte Salomon. Als er den Tempel Gottes fertig gebaut hatte, betete er an mit den Worten ***„Siehe, die Himmel und die Himmel der Himmel können dich nicht fassen, wieviel weniger dieses Haus, das ich gebaut habe ...“ (2.Chronik 6,18).***

Und Gott reagierte auf diese Anbetung wieder mit der Manifestation Seiner Herrlichkeit. Die Wolke der Herrlichkeit Gottes erfüllte das Haus, so dass die Priester nicht mehr auf ihren Füßen stehen und ihren Dienst verrichten konnten. Das war auch nicht mehr notwendig, denn der Heilige Geist Gottes diente selbst.

Und nun möchte ich dich fragen, der du die Geschichte kennst: **Gab es ein Königreich, das mehr blühte als das des Salomon? Nein. Weißt du auch warum? Aus dem einfachen Grund, weil er ein Haus baute, damit der Herr 24 Stunden am Tag angebetet werden konnte, so wie David, der ein gewaltiger Anbeter war, es angeordnet hatte.**

Jeder Anbeter empfängt Antworten. Genauso wie Abraham anbetete und als Antwort die Vorsorge Gottes für das Opfer erhielt, so erhielt auch Joschafat in 2. Chronik 20,22 seine Antwort, als er anbetete und der Herr allen seinen Feinden einen Hinterhalt legte und sie geschlagen wurden. Und das ganze Volk, das mit ihm anbetete, erhielt ebenfalls die Antwort, sagt das Wort Gottes.

Gott antwortet Seinen Anbetern. Das Einzige, was Er von uns verlangt, ist, dass wir uns Ihm von uns aus nahen. **Wir müssen in der Nähe Gottes sein *wollen*, d. h. wir müssen entschlossen sein und uns auch dafür einsetzen wollen, denn wie wir gesehen haben, beinhaltet Anbetung auch ein Opfer.**

Bestimme eine besondere Stunde und halte sie einzig und allein dafür bereit, den Herrn anzubeten, sei was sei, geschehe was wolle. Vergiß nicht, verliere nicht aus den Augen, dass Gott über allem und über allen steht und dass Er den ersten Platz in unserem Leben einnehmen muss.

Wenn wir in dieser Weise eine bestimmte Stunde festsetzen, fällt es uns leichter anzubeten, denn wir sind eine Verpflichtung eingegangen. **Wenn wir jedoch nur hoffen,** dass uns Zeit übrig bleiben wird, um anzubeten, werden wir tatsächlich niemals die Zeit dazu finden. Die dämonischen Mächte werden nicht zulassen, dass wir Zeit zum Anbeten haben, weil sie nicht wollen, dass wir die Segnungen des Vaters erhalten.

Gott möchte in unserer Mitte wohnen, Er will sich mit Gnade und Macht unter uns manifestieren, aber dazu ist es wichtig, dass wir den Entschluss zur Anbetung fassen!

Die meisten Menschen wollen immer nur erbitten, erbitten, erbitten und sind nicht bereit anzubeten. Die Dämonen reden und reden, und **die Menschen hören auf sie und nicht auf den Heiligen Geist**

Gottes. Der Ausweg aus diesem Dilemma steht in Römer 10,10:

> ***„Denn mit dem Herzen wird geglaubt zur Gerechtigkeit, und mit dem Mund wird bekannt zum Heil."***

Die wahren Anbeter haben das Bedürfnis, täglich, stündlich anzubeten, denn sie haben das Bedürfnis, in der Gegenwart Gottes zu sein, weil sie eine enge Beziehung zum Vater haben.

Wenn wir anbeten, sollen wir nicht von Gott etwas im Tausch für unsere Anbetung erwarten. Wir müssen Gott anbeten wegen dem, was Er ist und Seine Herrschaft proklamieren, und dann, und nur dann wird Er kommen und Seine Macht manifestieren.

Wenn wir als Gemeinde in der Anbetung stark werden, wird keine Strategie aus der Hölle gegen uns siegen. Halleluja!

ANBETUNG IST EIN LEBENSSTIL!

Bemühe dich, bringe die notwendigen Opfer, wünsche dir wirklich, in der Gegenwart Gottes zu sein und bete Ihn an.

Gott will alle Anbetung für sich allein. Er teilt sie mit absolut nichts und niemandem.

Nur Gott ist unsere Antwort. Bete an, habe eine persönliche Beziehung zu Ihm; dadurch **wirst du Antworten bekommen**; immer. Amen!

8

Danksagung in der Anbetung

In Psalm 136 steht:

> *„Preist den Herrn, denn er ist gut. Denn seine Gnade währt ewig! Preist den Gott der Götter, denn seine Gnade währt ewig! Preist den Herrn der Herren! Denn seine Gnade währt ewig! Den, der große Wunder tut, er allein! ... Preist den Gott der Himmel! Denn seine Gnade währt ewig!"* (V. 1-4 und 26)

Wir müssen lernen, während wir den Herrn preisen, uns daran zu erinnern, was Er für uns getan hat. Er ist der Einzige, der Wunder wirkt, und Seine Liebe währt ewig.

Wenn wir diesen Psalm lesen, stellen wir fest, dass der Psalmist, während er anbetet, ständig die Taten Gottes bekennt und für all die Dinge dankt, die Gott getan hat.

Ich habe immer gesagt, dass Gott uns nicht alles in einem Augenblick gibt, zur gleichen Zeit. In dem Maße, wie wir anbeten und mit dem Vater eine enge Beziehung entwickeln, in dem Maße dient Er uns und lehrt uns alle Dinge, und in dem Maße lernen wir Ihn näher kennen.

Wir sollen Dank sagen für alles, was Er in unserem Leben schon getan hat. Ich habe den Herrn gefragt, wie ich das anstellen soll, und Er sagte mir: ***„Erinnere dich an alles, was dir geschehen ist, seit dem Tag, an dem du geboren wurdest, und beginne, mir dafür zu danken.“***

Ich muss zugeben, dass ich nicht genau verstand, was mir der Herr sagen wollte, aber ich gehorchte und sagte allen, die mit mir anbeteten, was der Herr zu mir gesprochen hatte. Ich sagte, dass wir den Herrn preisen sollten, denn Er ist gut und Seine Gnade währt ewig.

Als ich begann, dem Herrn zu danken, erinnerte mich Jesus an Situationen aus meiner Kindheit.

Ich erinnerte mich daran, dass meine Mutter mir erzählt hatte, dass ich sehr krank gewesen war, als ich ungefähr acht Monate alt war, und an einem bestimmten Tag, als meine Mutter an mein Bettchen gekommen war, praktisch tot war. Sie betete und rief zum Herrn, sie flehte um mein Leben, und Er brachte mich wieder zurück. Als mir diese Begebenheit wieder einfiel, dankte ich dem Herrn für jenen Tag und sagte: ***Ich preise Dich, Herr, denn Du hattest***

schon in diesem Alter für mich geplant, was ich heute bin, und Du hast mich vom Tod ins Leben zurückgebracht, als ich noch ein Kleinkind war. Ich preise Dich, Herr, denn Du bist gut und Deine Barmherzigkeit währt ewig.“

Ich pries den Herrn für meine Kindheit, für meine Jugendjahre, für meine Ehe, für meinen Mann, für jedes einzelne meiner Kinder, für jede Einzelheit, an die ich mich erinnerte. Ich pries den Herrn für jede einzelne Befreiung, die ich empfangen hatte, für meinen Dienst, für die Kämpfe und für die Freuden. Ich nannte alles einzeln beim Namen und sagte immer wieder, dass Er gut ist und dass Seine Liebe ewig währt.

So fuhr ich also fort, und als unsere Anbetungsstunde beendet war, hatten wir den Herrn schon wegen vieler Dinge, die Er in unserem Leben getan hatte, angebetet.

Wir hatten das Gefühl, als würden Bindungen zerreißen, starke Bindungen, die uns umgaben und die wir nur fühlen konnten, wenn wir für den Geist Gottes sensibel waren. Wir weinten alle, und der Geist Gottes umgab uns in jenem Augenblick, und eine Leichtigkeit erfasste uns. Es kam zu einer großen Befreiung. Ich konnte nicht mehr sprechen, und nur noch weinen, denn ich verspürte die liebliche Gegenwart des Heiligen Geistes sehr stark.

Wenn du beginnst, für alles zu danken, was der Herr getan hat, so hörst du auf zu bitten und du erkennst, dass der Herr so viele gute Dinge für dich getan hat, die du schon vergessen hast, weil du sie nicht beachtet hast. Wir sind oft wie undankbare Söhne, und der Teufel freut sich darüber. Der Herr führte mich auch zum Psalm 105, wo David dem Herrn für Josef dankt, der als Sklave verkauft wurde, damit sich die Absicht Gottes erfüllen konnte. Bedenke all die Wunder und göttlichen Führungen, die geschahen, bis Mose zum Roten Meer kam und es sich öffnete. Der Psalmist dankte dem Herrn für alles.

Der Herr zeigte mir auch, dass, wenn wir Ihm danken, wir damit Satan widerstehen und ihn entlarven, denn der setzt alles daran, damit wir vergessen, was der Herr getan hat, und zu murren beginnen.

Diese Offenbarung brachte mir eine Befreiung von Dingen, die in mir verborgen waren, und seitdem danke ich dem Herrn für alles, an das ich mich erinnere. Denn der Herr ist gut und Seine Liebe währt ewiglich.

Hier sind noch einige Vorschläge für deine Anbetung:

JESUS CHRISTUS VON NAZARETH, DU BIST:
… geliebt
… liebevoll
… mein Fels
… mein Schild
… meine Hoffnung

JESUS CHRISTUS VON NAZARETH
Ohne Deine Gegenwart kann ich nicht leben.
Mein Herz schlägt für Dich.
Du bist das Beste, das Gott für mich hat.
Jesus, am Morgen wache ich auf
und denke an Dich,
und am Abend meditiere ich über Dich.

JESUS CHRISTUS VON NAZARETH
Du bist alles, was ich brauche.
Der Tag ist kein Tag ohne Deine Gegenwart.
Du bist der Herr der Weisheit.
In Deinen Händen befindet sich alle Macht.

JESUS CHRISTUS VON NAZARETH
Die Macht der Weisheit ruht in Dir.
Du bist das Geschenk, das sich alle wünschen.
In meinem Herzen gibt es nur Anbetung.
Ich möchte einen Altar der Anbetung in mir bauen.
Ich möchte Dich besser kennen.
Du bist der Heilige Gottes.
Du bist der Wächter Israels.
Du bist der König über alle.
Wie gut ist es, Deine Liebe zu genießen.

JESUS CHRISTUS VON NAZARETH
Du bist mein Herr,
es gibt kein anderes Gut außer Dir.
Du bist der Teil meines Erbes und mein Becher.
Du bist die Stütze meines Lebens.
Du bist mein Licht, meine Errettung,
vor wem sollte ich mich fürchten?
Du bist die Kraft meines Lebens,
vor wem sollte ich Angst haben?

JESUS CHRISTUS VON NAZARETH
Du bist es, der mir Kraft gibt zu siegen.
Deine Stimme ist mächtig und voll Majestät.
Ich flüchte mich zu Dir
und ich werde nie zu Schanden werden.
Du bist meine Festung, meine Zuflucht,
und vollkommen beseitigst Du alle
Hindernisse auf meinem Weg.

Lieber Leser, liebe Leserin,

sei ein wahrer Anbeter, erlaube dem Heiligen Geist, in deinem Leben zu wirken.
In den Büchern „Bete Gott an und lebe im Sieg“ und „Anbetung, die höchste Ebene geistlichen Kampfes“ befinden sich einige weitere Seiten praktischer Anbetung, die du verwenden kannst.

Anhang

Lieber Leser, liebe Leserin,
wenn du an der von mir organisierten Anbetung teilnehmen möchtest, dann kopiere bitte die folgenden Angaben und schicke sie mir zu. Meine Adresse findest du vorne in diesem Buch.

Ich möchte teilnehmen an der 24-Stunden-Anbetung, um mein Leben zu verändern, meine Familie, meine Gemeinde, meine Stadt und mein Land.

Ich will anbeten täglich von ________ bis ________

Name: ____

Straße und Hausnummer: ______________________

Postleitzahl: _______ Stadt: ___________________

Land: _____________________________

Telefon: ___________________________

E-Mail: ___________________________

Die folgende Tabelle kannst du kopieren, wenn du in deiner Gemeinde oder mit einer anderen Gruppe eine Anbetungsuhr einrichten willst.

Die Anbetungsuhr

00:00	06:00
00:15	06:15
00:30	06:30
00:45	06:45
01:00	07:00
01:15	07:15
01:30	07:30
01:45	07:45
02:00	08:00
02:15	08:15
02:30	08:30
02:45	08:45
03:00	09:00
03:15	09:15
03:30	09:30
03:45	09:45
04:00	10:00
04:15	10:15
04:30	10:30
04:45	10:45
05:00	11:00
05:15	11:15
05:30	11:30
05:45	11:45

Die Anbetungsuhr

12:00	18:00
12:15	18:15
12:30	18:30
12:45	18:45
13:00	19:00
13:15	19:15
13:30	19:30
13:45	19:45
14:00	20:00
14:15	20:15
14:30	20:30
14:45	20:45
15:00	21:00
15:15	21:15
15:30	21:30
15:45	21:45
16:00	22:00
16:15	22:15
16:30	22:30
16:45	22:45
17:00	23:00
17:15	23:15
17:30	23:30
17:45	23:45